LES
ARMÉNIENS DE TURQUIE

PARIS. — IMPRIMERIE LALOUX Fils ET GUILLOT
7, rue des Canettes,

LES
ARMÉNIENS DE TURQUIE

RAPPORT DU PATRIARCHE ARMÉNIEN DE CONSTANTINOPLE

A LA SUBLIME PORTE

TRADUIT DE L'ARMÉNIEN
PAR K. S. ACHGUERD

PARIS
ERNEST LEROUX, ÉDITEUR
28 RUE BONAPARTE, 28
—
1877

©

DEUXIÈME RAPPORT

SUR LES PERSÉCUTIONS COMMISES DANS LES PROVINCES D'ANATOLIE

PRÉSENTÉ

A L'ASSEMBLÉE NATIONALE ARMÉNIENNE

PAR UNE COMMISSION AD HOC, NOMMÉE PAR CETTE ASSEMBLÉE
LE 10 SEPTEMBRE 1876 (v. s.)

Conformément à la décision du 10 septembre 1876, de l'Assemblée nationale, votre Commision s'est empressée d'examiner les *takrirs* et les registres du Patriarcat, pour faire un rapport sur les persécutions qui ont eu lieu dans les provinces depuis la date du précédent rapport. Votre Commission ayant terminé sa tâche, elle a l'honneur de vous présenter le résultat de ses investigations.

Le premier rapport général de l'Assemblée nationale arménienne qui est inséré dans le procès-verbal de la séance du 18 février 1872 (pages 593-598) a été présenté au Grand Vizir Mahmoud Nédim-Pacha, le 11 avril de la même année.

Les registres du Patriarcat constatent que ce rapport n'a pas produit le résultat espéré, quoique le Patriarcat ait remis ce document aux successeurs de Mahmoud-Pacha et qu'il leur ait réitéré les vœux de la nation.

Le présent travail est un résumé de la partie la plus importante des *takrirs* remis par le Patriarcat à la Sublime Porte, sur les persécutions commises dans les provinces : ces takrirs sont, ci-après, par ordre de date; ils se rapportent à des faits qui ont eu lieu depuis la publication du premier rapport, et contiennent les textes originaux de quelques-uns de ces mêmes takrirs et un résumé succinct des autres ; ne sont pas comprises dans ce travail de nombreuses réclamations adressées directement aux gouverneurs de provinces, réclamations qui, à part quelques exceptions, n'ont généralement produit aucun effet.

LES
ARMÉNIENS DE TURQUIE

1. Un Arménien du nom d'Assadour a été assassiné dans le local de l'administration télégraphique d'Alep; l'autorité centrale a réclamé du directeur de cette admistration l'auteur de ce crime. Le directeur a désigné le *tchaouch* Ahmed, disant: *voici l'assassin*, mais l'autorité locale d'Alep, sans soumettre Ahmed à un interrogatoire minutieux, l'a renvoyé dans un hospice, disant qu'il était atteint de folie.

Il a été présenté à la Porte un *Takrir*, en date du 12 avril 1872 (1) (Séfer 1289).

Le 29 avril de la même année la Porte a envoyé des ordres, mais on ignore ce qu'il en est résulté.

(1) Les dates de ce rapport sont indiquées d'après le calendrier grégorien.

II. Les Beys kurdes de Sassoun, district de Seghorte, ont perçu des Arméniens les impôts et ne les ont pas versés au fisc. L'autorité a expédié des troupes contre ces Kurdes et leur a fait débourser l'argent perçu. Les Arméniens ont été forcés de nourrir les troupes et leurs chevaux pendant leur séjour dans cette ville ; aussitôt après le départ de ces troupes, les Beys kurdes recommencèrent à percevoir de nouveau les impôts qu'ils avaient été forcés de remettre aux agents de l'autorité.

Ali Riza-Pacha a été envoyé à Sassoun comme commissaire ; et après avoir constaté ces vexations, a recommandé, pour mettre un terme à ces abus, de construire une caserne dans la ville de Hazo, qui aurait une garnison permanente, et il a proposé de transférer à Sassoun le siége de *Mudir*. Cependant cette proposition n'a pas été mise à exécution.

Takrir a été adressé le 15 avril 1872 (19 Sefer 1289).

La Sublime Porte a envoyé des ordres directs le 1ᵉʳ Rébul-evvel 1287.

III. Deux des Kurdes persécuteurs de Mouch, le nommé Fariz et son frère, avaient été exilés à Castamouni ; mais ils sont parvenus à rentrer dans leur pays et pour se venger ils ont recommencé leurs vexations avec plus d'acharnement.

Takrir a été adressé le 20 avril 1872 (3 Rébul-evvel 1289).

Resté sans résultat.

Un second Takrir a été adressé le 18 août 1872 (20 Djémazil-akher 1287).

Cette seconde demande n'a pas été prise en considération.

IV. Une femme musulmane du village de Satto, près Diarbékir, nommée Muntcha, s'est approprié tous les champs de ce village ; ce qui a obligé les villageois arméniens de faire à cette femme une part des produits de leurs champs. Depuis plusieurs années cette question est soumise à la décision de l'autorité locale, laquelle, par faveur, a déclaré bien fondées les prétentions de Muntcha et contraint les villageois arméniens à faire à l'usurpatrice une large part du produit de leurs récoltes.

Takrir est adressé en date du 29 Avril 1872 (3 Rébul-evvel 1289).

Ordre a été obtenu du Gouvernement.

Un second Takrir a été adressé à la Sublime Porte à ce sujet, le 9 octobre 1872 (18 Chaban 1289).

Ordre a été envoyé par l'autorité centrale le 10 Chevval de la même année pour demander des informations.

Un 3e Takrir a été adressé à la Porte à ce sujet, 19 juillet 1874 (17 Djémazil-akher 1291).

Est resté sans réponse.

V. Les Arméniens du village de Morning, à Mouch, province d'Erzeroum, ayant, depuis 40 à 50 ans, cultivé les champs des environs de ce village, ont acquis d'après la Loi le droit de propriété sur ces terrains, sans que personne ait jusque-là élevé la moindre prétention à cet égard. Le *Mufti* de Mouch, Hosséin effendi, est intervenu, il y a quelques années, dans le but de s'emparer de ces terrains. La population protesta : le Mufti insista sur ses prétentions et finit par forcer les laboureurs arméniens à se dessaisir de leurs terrains. Ismaïl-Pacha, gouverneur général d'Erzeroum, lors de sa tournée aux environs de Mouch, pour faire une enquête et examiner en personne l'état de la population, s'intéressa à cette question ; après l'avoir prise en considération, il reconnut les prétentions du Mufti mal fondées et constata que les habitants du village étaient les propriétaires de ces champs ; par conséquent il fit enregistrer les terrains aux noms des Arméniens de ce même village et, en attendant l'arrivée des titres de propriété *(Tapou-Sénédi)* du *Defterhané* de Constantinople, il fit livrer aux paysans, suivant l'usage traditionnel, 25 titres de propriété provisoires *(ilmou-habéré)*. Ismaïl-Pacha, après avoir exécuté d'autres réformes à Mouch et fait exiler plusieurs de ces Beys kurdes qui opprimaient la population depuis longtemps, retourna à Erzeroum. Peu de temps après il fut relevé de son poste de gouverneur général. Le Mufti, profitant de ce changement, revint sur ses prétentions ; il fit venir de ce même village à Mouch deux personnes, au moyen de promesses et de menaces, il parvint à leur faire déclarer devant le *Médjliss* (Conseil administratif local), au nom des paysans, que tous les terrains et les champs du village appartenaient au Mufti, et que les paysans n'étaient que ses tenanciers. Là-dessus, par décision du Conseil, Husséin effendi, le Mufti de Mouch, est déclaré légitime propriétaire de ces terrains; de plus, le Conseil déclara que l'enquête précédente et la décision qui en est résultée étaient erronées. Les paysans protestèrent contre cette sentence et déclarèrent avec raison que ces deux témoins, ne représentant pas légalement la population entière, n'avaient pas le droit de parler en son nom, que les paysans étaient les propriétaires légitimes de ces terrains, car ils les avaient cultivés depuis de longues années sans que personne eût élevé la moindre prétention et qu'ils n'étaient et ne pourraient jamais être les serfs de Husséin effendi; que la vérité de leurs assertions était constatée par l'enquête faite par Ismaïl-Pacha, enquête qui leur a rendu justice en les reconnaissant propriétaires de ces terrains par des titres provisoires. Cependant l'autorité locale ne voulut pas écouter ces justes réclamations des villageois, car le Mufti est homme influent et les paysans sont pauvres et sans protection. Ceux-ci choisirent deux délégués et les envoyèrent à Constantinople avec mandat de soumettre leur demande au Patriarcat. Ils étaient porteurs des 25 titres de propriété, de la pétition des villageois et d'autres pièces justificatives.

Une demande a été adressée à la Sublime Porte pour que la question fût soumise à l'examen du Conseil d'État ; cette demande porte la date du 28 Rébul-evvel 1289 (23 mai 1872).

La Sublime Porte remit l'affaire à l'examen du Conseil d'État, qui se prononça eu faveur du Mufti Husséin effendi. Les deux délégués arméniens furent obligés en désespoir de cause de retourner à leur village.

Une nouvelle demande relative à la même question a été adressée conjointement à la demande concernant la question agraire en général (voir le XXIIIᵉ chapitre).

VI. Une demande, en date du 23 Rébul-akher 1289 (17 juin 1872), a été adressée à la Sublime Porte contre les oppresseurs kurdes de Bernachin, Koute, Sassoun et Chadakh, villages du district de Mouch.

Cette demande n'a pas eu de résultat, et, dans ces derniers jours encore, de nouvelles plaintes à ce sujet étant parvenues au Patriarcat, celui-ci s'est adressé directement au gouverneur d'Erzeroum.

VII. Ishak Bey et plusieurs autres Aghas musulmans élevant des prétentions sur toutes les maisons, magasins, champs, vignes et jardins qui se trouvent dans les villages de Tcharsandjak (district de Karpout), ne cessent de forcer les Arméniens de ces villages à leur payer des loyers, pour ces immeubles, à recevoir d'eux les semences et à partager ensuite avec eux les produits de la terre.

Au sujet de ces différends qui existent depuis quinze ans, entre les villageois et Ishak Bey et les *Aghas*, le Patriarcat a adressé à la Sublime Porte un grand nombre de pétitions et a obtenu du Gouvernement de ordres à cet égard ; mais l'autorité locale ayant toujours agi en faveur du susdit Bey et des Aghas, la Sublime Porte, dans le but de résoudre une question qui dure depuis si longtemps, et de mettre un terme aux plaintes et griefs des populations, a envoyé sur les lieux une Commission spéciale, chargée d'examiner la question. Cette Commission, après avoir accompli sa tâche, a soumis son rapport, accompagné des pièces justificatives et des demandes du Patriarcat, à la décision du Conseil d'État, qui, après un examen sérieux et détaillé, a déclaré Ishak Bey et les autres *Aghas* musulmans mal fondés dans leurs prétentions, et a reconnu le bon droit des villageois. Il a été défendu en même temps aux *Aghas* de s'immiscer en quoi que ce soit dans les intérêts de la population arménienne. Il a été ordonné en outre de leur remettre les titres de propriété. Cette décision a été confirmée par *Iradé* Impérial et l'exécution en a été confiée à l'autorité locale. Mais celle-ci a critiqué la décision du Conseil d'État sanctionné par ordonnance Impériale; elle l'a dite contraire aux principes de justice et de droit, et n'a pas voulu exécuter la décision dont il s'agit; cette même autorité a exigé la révision de l'affaire. Le rapport adressé à ce sujet à la Sublime Porte par l'autorité locale a été soumis aux délibérations du Conseil d'État. Dans l'intervalle, deux des Aghas Islams de Tcharsandjak sont venus à Constantinople et se sont adressés au Conseil d'État. Ce Conseil, sans écouter les répliques des Arméniens, a trouvé insuffisante sa première décision, et sans prendre en considération la sanction déjà existante en vertu d'un *Iradé* impérial, a ordonné à l'autorité locale de procéder à une nouvelle enquête, d'entendre les deux parties et de rendre un jugement en premier ressort.

Cette nouvelle décision, qui annulait la précédente, sans examen légal, a été aussi confirmée par *Iradé* Impérial, et communiquée à l'autorité locale ainsi qu'au Patriarcat. Sur la plainte des populations de Tcharsandjak, le Patriarcat a adressé une demande à la Sublime Porte. Cette pièce, qui porte la date du 12 Djémazilakhir 1289 (5 août 1872), se plaignait de ce que la dernière décision du Conseil d'État tendit à ajourner indéfiniment la solution de cette question déjà si ancienne, au préjudice des cultivateurs arméniens; que le Conseil d'État n'avait pas raison de casser son premier arrêt sans avoir entendu la partie adverse au sujet de la protestation des Aghas musulmans, et sans avoir déterminé quels étaient les points contraires à la justice et au droit; que les Arméniens n'osaient point s'adresser avec confiance à l'autorité locale contre des Aghas riches et influents; que la population ne pouvait que s'en tenir à la première décision. Le Patriarcat, ajoutait la plainte, croyait donc de son devoir de demander à la Porte l'exécution pure et simple de la première décision.

Cette demande n'a pas eu de résultat.

Une nouvelle demande à ce sujet fut adressée à la Porte, en date du 23 Zilhidjé 1292 (8 janvier 1876).

Elle n'a pas eu non plus de résultat.

VIII. Lors de la construction des routes de la ville de Madène (district de Karpouth), les préposés à ces travaux imposèrent des corvées à la population et ne payèrent point les travailleurs.

Une demande fut adressée à ce sujet à la Porte, en date du 12 Djémazil-akhir 1289 (5 août 1872).

L'affaire fut référée au Ministère des Finances.

IX. Les Arméniens de Sévérek (Diarbékir) se plaignent de ce qu'on ne veut pas mettre à exécution la réduction du quart de l'impôt pour l'exonération du service militaire et qu'on perçoit des vivants l'impôt des morts et de ceux qui depuis longtemps sont absents du pays ; ils se plaignent, en outre, de ce que les employés du gouvernement local exigent un impôt foncier exorbitant, ayant estimé les immeubles bien au-dessus de leur valeur réelle, et de ce que, lors de la construction des routes, l'autorité locale a exigé du peuple plus de journées de travail que le nombre fixé par la loi.

Un Takrir fut adressé à ce sujet à la Sublime Porte, en date du 15 Djémazil-Akhir 1289 (8 août 1872).

L'affaire fut renvoyée à la décision du Ministère des Finances.

X. Dans le village nommé Rouméli, à Baybourth, (district d'Erzeroum), une demoiselle de 14 ans, appelée Martha, fille d'un nommé Souhias, fut enlevée le 13 mai 1872 par un Musulman nommé Sépher, fils d'Ali. Plainte fut portée à l'autorité. Après de longues recherches, on retrouva la fille. On l'interrogea pour savoir si c'était bien par conviction qu'elle avait embrassé l'Islamisme ou bien par menace ou violence, car les Musulmans affirmaient qu'elle avait renié le Christianisme. Quelques notables des Communautés arménienne et grecque de la localité, les nommés Manouk, Ohannes, Philippos et Panayot effendis furent invités à assister à l'enquête. Les *Hodjas* musulmans et autres fanatiques arrivèrent en foule au palais du Gouvernement, et, en présence de la fille, commencèrent à crier qu'elle avait embrassé l'Islamisme, qu'il n'y avait pas besoin de la confesser, et que, si elle déclarait vouloir retourner au Christianisme, il faudrait la décapiter en vertu de la loi du *Chéri*. L'adjoint du juge, le nommé Dourmouch effendi, s'associa aux clameurs de la foule et déclara que cette question ne saurait être résolue par la loi civile. On proféra ces menaces en présence de la jeune fille, sans permettre à la mère de s'approcher d'elle ni de lui parler. La fille perdit toute contenance; saisie de terreur à la vue de la foule menaçante, elle ne crut avoir d'autre moyen de salut que de déclarer qu'elle avait embrassé l'Islamisme par conviction. Les Arméniens protestèrent contre cette violence et exigèrent qu'on accordât à la fille la liberté et la sécurité nécessaires pour qu'elle fût à même de déclarer franchement sa volonté vraie et sa conviction religieuse. Mais cette protestation ne fut pas admise et la malheureuse Martha fut de force mariée au susdit Sépher. Cependant, ne pouvant vivre avec le Musulman et affrontant tous les périls, elle se réfugia nuitamment chez sa mère. Les *Ulémas* et les *Hodjas* voulurent se venger des Chrétiens. Ils convoquèrent, par le moyen d'un crieur public, tous les Musulmans aux *Médréssés* et les excitèrent contre les Chrétiens, prétendant que ces derniers avaient enlevé la fille convertie à l'Islamisme.

Deux mille Musulmans, armés d'épées et de gourdins, se ruèrent sur les maisons et les magasins des Arméniens, se livrèrent au pillage, blessèrent une trentaine de personnes et répandirent la terreur parmi la population chrétienne. L'autorité locale, par une dépêche au gouverneur général d'Erzeroum, l'informa du péril. Le gouverneur arriva à Baybourth avec quelques troupes, ouvrit une enquête, d'où il résulta que les Chrétiens n'étaient pas complices de la fuite de Martha; que la population arménienne avait subi des dommages, évalués à deux mille livres turques environ, et qu'en effet trente Arméniens avaient été blessés. Vingt-neuf personnes furent arrêtées comme coupables et envoyées à Erzeroum, où les unes furent condamnées à trois mois, les autres à six mois d'emprisonnement; mais les *Ulémas* et les *Hodjas*, ainsi que le crieur public turc, qui avaient excité les Musulmans et leur avaient fait commettre ces excès, n'ont pas été punis; on n'a pas voulu non plus indemniser ceux qui avaient été pillés; ainsi la sécurité de la vie, des biens et de l'honneur des Chrétiens de Baybourth s'est trouvée entièrement compromise.

Une demande fut adressée à la Sublime Porte pour

exiger l'exécution formelle des dispositions du Code pénal, et l'indemnisation des Arméniens spoliés. Cette demande porte la date du 23 Rébul-akhir 1289 (27 juillet 1872).

Une nouvelle pièce relative à la même question fut remise à la Porte, le 4 Rédjéb 1289 (24 août 1872).

Une troisième demande lui fut adressée le 19 Ramazan 1289 (8 novembre 1872).

Le Patriarcat n'a obtenu aucune réponse.

XI. Abdul-Rahman Agha, Mudir de Yar-Hissar, à Canghal, district de Sivas, ayant fait établir des Circassiens sur des terres appartenant aux Arméniens et cultivées par eux, une demande fut adressée à ce sujet, le 6 Chaban 1289 (28 septembre 1872).

Cette demande n'ayant pas été prise en considération (*Battal*), une nouvelle demande fut adressée le 19 Ramazan 1289 (8 novembre 1872), laquelle n'a pas reçu de réponse.

Cependant, tout dernièrement, la Commission spéciale chargée, sur la demande du Patriarcat arménien, de statuer sur les exactions commises dans les provinces, ayant été invitée à prendre en considération cette affaire, elle a, après un long examen, constaté le droit des Arméniens et a proposé que les Tcherkesses fussent éloignés des terrains appartenant aux Arméniens, mais le Conseil d'État, rejetant le rapport de la Commission, a décidé que les Circassiens doivent continuer à y demeurer, prétextant que « les terrains ayant une étendue plus grande que celle inscrite dans les titres de propriété que possèdent les paysans appartenaient à l'État ». Le Conseil d'État n'a pas considéré que les terrains qu'on donne aujourd'hui aux Tcherkesses sont cultivés de temps immémorial par les Arméniens, et qu'ils ne peuvent appartenir qu'à ces derniers, d'après les dispositions mêmes de la loi sur la propriété. Toutefois la Sublime Porte a adopté une autre proposition de la Commission, celle de la destitution d'Abdul-Rahman, comme Mudir de Canghal ; elle a envoyé au gouverneur de Sivas les instructions nécessaires pour que Abdul Rahman soit mis en disponibilité et remplacé par la personne désignée par la Sublime Porte. Le gouverneur de Sivas, Hadji Izzet-Pacha n'a pas exécuté l'ordre véziriel, prétendant que la destitution d'Abdul Rahman pourrait susciter de grands embarras ; il a nommé la personne désignée par la Sublime Porte à un autre poste.

Les atrocités et les exactions commises par Abdul Rahman Agha sont du reste constatées par son propre fils, Ahmed Agha, par des dépêches adressées à la Sublime Porte et au Patriarcat arménien. Cette demande de destitution a été soumise à l'attention du Gouvernement par une requête spéciale, en date du 5 Rédjeb 1293 (14 juillet 1876). La Sublime Porte s'est bornée jusqu'ici à envoyer un télégramme à l'autorité de Sivas

XII. Les Kurdes pénétrèrent par force dans le moulin du monastère Nareg, à Van, le dévalisèrent et tuèrent le meunier.

Une plainte fut adressée à ce sujet, le 12 Ramazan 1289 (1ᵉʳ novembre 1872), mais la Sublime Porte n'a pas encore répondu.

XIII. Les Musulmans d'Eski-Chéhir s'opposent à ce que les Chrétiens de cette ville puissent acquérir de nouvelles propriétés et y habiter. Le Patriarcat a adressé à ce sujet un *Takrir* à la Sublime Porte, en date du 8 Chevval 1289 (27 novembre 1872), à la suite duquel le Gouvernement a envoyé un ordre à l'autorité locale pour l'instruction de l'affaire (*Istilam*).

A la date du 23 Mouharrem 1292 (18 février 1875), le Patriarcat a dû remettre à la Sublime Porte un nouveau *Takrir* relativement à la même question.

Nouvel Istilam de la Sublime Porte.

Le Patriarcat a dû renouveler son *Takrir* à la date du 19 Rédjeb 1293 (2 avril 1876).

La Sublime Porte a également renouvelé pour la troisième fois son *Istilam*.

XLV. Le Ministre des Affaires étrangères, S. E. Ma lil Chérif-Pacha, avait envoyé au Patriarcat un Teskéré, d'après lequel les plaintes sur les vexations commises aux environs d'Erzinghian et de Kyghi ne seraient pas fondées et auraient uniquement pour origine les incitations des Chefs Spirituels arméniens de ces localités. Le Ministre se plaignait amèrement, dans cette Note, que le Patriarcat se fût fait l'écho de ces griefs mal fondés.

S. S. le Patriarche a adressé au Grand Vizir la protestation suivante:

Altesse,

« S. E. le Ministre des Affaires étrangères m'informe par *Teskéré* que les plaintes des Chrétiens d'Erzinghian et de Kyghi (Vilayet d'Erzeroum) contre les actes de violence des Beys kurdes seraient sans fondement; qu'elles ne seraient dues qu'aux intrigues des prêtres Melkissédeck et Eprème; qu'il n'existerait aucun sujet réel de plainte contre les Beys kurdes, et que les plaintes n'auraient pour but que de refuser le contingent de prestataires de Kyghi pour la construction de la route de Trébizonde à Erzeroum, ce qui résulterait d'un rapport du Gouvernement général d'Erzeroum; et que le Patriarcat se serait rendu l'organe de quelques personnes remuantes, etc.

« En remettant à Votre Altesse copie du *Teskéré* précité, j'ose en même temps appeler son attention sur ce sujet.

« Il serait superflu de dire que, grâce à S. M. Le Sultan, le Patriarcat arménien est une branche du service public, et que le soussigné n'exerce les fonctions de Patriarche qu'en vertu du choix de la Communauté et de l'Iradé Impérial sanctionnant cette élection. Intermédiaire entre le Gouvernement Impérial et la Communauté, il est de mon devoir de veiller aux vrais intérêts du Gouvernement, et d'être auprès de lui l'interprète des sentiments et des besoins de mes ouailles. C'est pour avoir de tout temps bien rempli ce devoir sacré que le Patriarcat arménien a mérité la bienveillance et la sympathie du Gouvernement Impérial, ainsi que l'attestent de nombreux documents émanés de la Sublime Porte, soigneusement conservés dans les Archives de notre Patriarcat.

« L'un de mes devoirs que je désire remplir avec non moins d'exactitude est d'appeler l'attention du Gouvernement Impérial sur les exactions commises dans les provinces, contrairement à ses intentions, et d'implorer sa sollicitude et sa justice. S. M. le Sultan, notre Auguste Maître, désire que tous ses sujets en général jouissent de la sécurité de la vie, de l'honneur, des biens, et qu'ils aient une part égale dans ses faveurs Impériales. Aussi, lorsque des faits contraires à la justice et à l'égalité ont lieu dans les provinces, le malheureux peuple dont je suis le Pasteur s'adresse d'abord à l'autorité ecclésiastique de la localité et lui expose ses griefs, et lorsque par ce moyen il ne trouve pas un remède à ses douleurs, il a recours à notre Patriarcat dont il réclame avec instance l'appui nécessaire. Le Patriarcat, après mûr examen de l'affaire, s'adresse à la Sublime Porte et demande justice.

« Or, la population arménienne des environs d'Erzinghian et de Kyghi s'est plainte plus d'une fois et depuis des années, des violences des Beys kurdes et de leurs satellites, et s'est adressée à la Sublime Porte soi directement, soit par l'entremise de notre Patriarcat. La Sublime Porte a toujours envoyé des ordres en conséquence. Mais comme les auteurs de ces violences sont des personnes influentes, et que la plupart des griefs concernent les agents de l'autorité locale, on n'a pas jusqu'ici obtenu le résultat désiré, par la raison que la Sublime Porte, dans l'instruction de chaque affaire, s'est adressée précisément aux fonctionnaires mêmes sur lesquels pèsent ces plaintes. Mais afin de se conformer aux intentions bienveillantes de S. M. le Sultan, qui ne désire que le règne de la justice et la cessation des avanies, la Sublime Porte, pénétrée de la vérité que l'influence des Beys kurdes empêche la population, laissée sans protection, de recourir aux tribunaux contre ces Beys et leurs satellites, la Sublime Porte, dis-je, laissant cette fois de côté le mode d'*Istilam* (ordre de faire une enquête), a choisi un moyen plus efficace : elle a ordonné, le 11 Rédjeb 1288, à l'autorité locale de garder à vue les Beys kurdes et leurs complices, afin que la population puisse recourir à la justice librement et en pleine sécurité jusqu'à ce que leur innocence ou leur culpabilité soit établie.

« Ci-joint copie de l'ordre véziriel dont il s'agit :

« Notre Patriarcat et la nation arménienne se réjouissaient de cette mesure et espéraient que les abus et les violences prendraient fin, mais l'autorité locale n'a pas exactement exécuté l'ordre véziriel. Sans attendre la sentence à intervenir, j'ai prévu que le peuple qui se plaignait serait dénoncé comme calomniateur, et que les actes de violence reprendraient avec une recrudescence nouvelle.

« J'ai donc, à plusieurs reprises, averti officiellement la Sublime Porte que l'enquête, ouverte par l'autorité locale dans de telles conditions, ne pouvait produire un résultat satisfaisant, et j'ai demandé l'exécution ponctuelle de l'ordre du Grand Vizir.

« S'appuyant sur un nouveau rapport de l'autorité provinciale, qui n'a pas voulu exécuter la décision de la Sublime Porte, non plus que l'ordre véziriel, le Ministre des Affaires étrangères, dans une note qu'il nous a adressée, a employé un langage sans précédent et blessant pour la dignité du Patriarcat de la nation arménienne, qui n'a jamais cessé de donner des preuves multiples de sa fidélité envers le Gouvernement Impérial.

« Cette attitude du Ministre des Affaires étrangères m'a profondément affligé. Si Votre Altesse veut bien se donner la peine de parcourir la copie ci-jointe de l'ordre énergique émané de la Sublime Porte, elle verra que le Patriarcat a été bien loin d'être d'accord avec certains individus inspirés par la malveillance. Votre Altesse ne saurait sans doute approuver un langage aussi blessant pour nous. Il nous sera facile de prouver ici que nos plaintes ne sont point dénuées de fondement, comme on veut bien le dire, et que l'autorité locale s'efforce toujours de cacher et d'atténuer les méfaits et les exactions qui se commettent; il suffira que Votre Altesse daigne jeter les yeux sur la copie ci-jointe d'un ordre de d'ex-grand Vizir Midhat-Pacha, au sujet de la destitution de Chah Husséin Bey, *Kaïmakam* de Gouzouldjan. Cet ordre justifie pleinement tout ce que j'annonce. Or, comme les principes d'équité et de justice exigent impérieusement que ces abus prennent fin pour toujours, que les faits regrettables commis par les fonctionnaires de l'autorité locale, malgré les bienveillantes intentions du Gouvernement, soient mis au grand jour, et que le fonctionnaire coupable soit puni ; je prie Votre Altesse de vouloir bien instituer une Commission mixte à la Sublime Porte pour ouvrir une enquête à cet égard. »

1er Zilhidgé 1289 (18 janvier 1873).

(Signé) : KHEREMIAN, *Patriarche des Arméniens.*

Cette demande est restée sans réponse.

XV. Le Patriarcat arménien a adressé à la Sublime Porte le *Takrir* suivant sur les actes du susdit tyran de Gouzouldjan, Chah Husséin.

« La population de Gouzoudljan, opprimée par suite des actes de barbarie de Chah Husséin, Kaïmakam de Gouzouldjan (district d'Erzinghian, province d'Erzeroum), s'est, depuis longues années, adressée tant au Patriarcat qu'à la Sublime Porte, pour demander la destitution de ce Kaïmakam et son éloignement. Par suite d'une décision de la Section des Affaires intérieures du Conseil d'État, un ordre a été envoyé le 11 Djémazil-evvel 1288, dont voici le sens :

« Le susdit Kaïmakam Chah Husséin est le fils de

« Chah Husséin Oglou ali Bey ; ce dernier, abusant de
« son influence aux environs de Dersime, avait fait sus-
« citer à l'autorité locale des embarras, par suite des-
« quels il avait été exilé à Viddin. Son fils, suivant
« l'exemple du père, n'a pas manqué de maltraiter la
« population ; il a, de plus, mis des obstacles à l'exécu-
« tion des réformes civiles et judiciaires.

« La conduite de ce fonctionnaire étant assez connue,
« même à la Sublime-Porte, nous mandons qu'on le re-
« lève de ses fonctions, et, qu'après jugement en règle,
« on lui fasse subir la peine qu'il mérite. »

Cet ordre fut renouvelé par décision du Ministère
de la Justice en date du 15 Chaban 1288.

Plus tard on a envoyé un nouvel ordre par décision
du *Mouhakémat* (Section du Ministère de la Justice) en
date du 14 Rédjeb 1289, ordre qui fut renouvelé par un
ordre télégraphique en date du 24 Ramazan 1289 ; puis
cet ordre télégraphique fut à son tour renouvelé en
dernier lieu par une décision de la Commission spéciale
instituée le 19 Mouharrem 1290 ; ce qui fait un total de
cinq ordres successifs.

« Cependant, la population arménienne continue
d'être opprimée par Chah Husséin Bey qui est tout-
puissant ; elle n'ose plus s'adresser à la justice et les
ordres véziriels conçus en termes précis se succèdent
sans aucun résultat. Le Kaïmakam, auteur de ces vexations, continue d'occuper son poste. Inutile d'ajouter
que pour tirer vengeance de la malheureuse population,
il redouble de violence envers elle. Ceux des Arméniens

de Gouzouldjan qui se trouvent à Constantinople se sont dernièrement adressés au Patriarcat ; ils ont déclaré qu'ils n'avaient plus d'espoir d'échapper au joug oppresseur de ce Kaïmakam, et ils ont supplié que le Gouvernement Impérial voulût bien leur désigner un autre coin de terre pour l'habiter.

« Il a été constaté que Chah Hussèin prétend être propriétaire de terrains cultivés de longue date par les Arméniens, sous prétexte qu'il en aurait hérité de ses ancêtres. On a également constaté que Chah Hussèin use de tous les moyens illégaux soit directement soit indirectement par ses satellites, afin de faire renoncer les paysans à leur droit de propriété et de les contraindre ensuite à lui payer des impôts iniques, à le combler de cadeaux, et à travailler gratuitement pour lui. Afin d'assurer d'une manière constante et durable la tranquillité et la sécurité de la population, conformément aux décisions contenues dans les ordres véziriels ci-inclus, il est juste et légitime que Chah Hussèin-Bey soit immédiatement relevé de ses fonctions et éloigné du pays, pour que la population fidèle et dévouée soit délivrée de sa tyrannie et puisse jouir du repos et de la sécurité dont elle a un si grand besoin.

« En exposant à Votre Altesse, l'état actuel des choses, sous un vrai jour, nous demandons justice et miséricorde pour cette malheureuse population. »

« 1er Djemazil-evvel 1290 (14 juin 1873).

Signé « : KHEREMIAN, *Patriarche arménien.* »

Sceau du Comité des affaires civiles de la nation arménienne.

Voici les copies des cinq ordres véziriels mentionnés dans ce *Takrir*.

I. Ordre Véziriel.

« Le Patriarcat Arménien a présenté un rapport relatif aux méfaits dont les Arméniens de Kyghi et d'Erzinghian sont victimes de la part des Kurdes. Sur la décision du Conseil d'Etat, j'envoie à Votre Excellence, ce rapport et les copies des *Takrirs* concernant ces méfaits, et j'appelle votre attention sur cette affaire.

« Votre Excellence apprendra, par la lecture de ces pièces, que les nommés Gullab-Oglou Aziz, l'assassin de ses père, mère et femme, Chah Husséin-Oglou, Husséin Bey, ses frères Ibrahim Bey et Timour Bey ainsi que quelques autres personnes commettent des meurtres, insultent l'honneur des familles, brûlent les champs et se livrent à des actes de rapine. Ces vexations perpétuelles ayant compromis la sécurité et le repos des fidèles sujets du Gouvernement, il a été demandé que quelques-uns de ces malfaiteurs soient envoyés à Constantinople, afin d'y être jugés, et que les autres soient dès aujourd'hui éloignés de ces contrées. Puisqu'il est du devoir le plus sacré du Gouvernement de prendre toujours sous sa protection la vie, l'honneur et les biens du peuple, et qu'il est indispensable, dans une province aussi importante que la vôtre, de travailler à créer des liens d'union et de concorde entre les diverses classes des sujets du Gouvernement, nous regrettons d'entendre des plaintes de la part du Patriarcat Arménien au sujet d'irrégularités et de désordres incessants.

« On nous expose les vexations et les oppressions de l'incorrigible Chah Husséin Bey ; il est inutile de vous expliquer l'impression que fait sur le Gouvernement le maintien de cet homme comme Kaïmakam de Gouzouldjan, ce qui l'encourage à continuer ses exactions. Quoiqu'il ne soit pas convenable d'avancer, avant l'examen des faits, que tout ce qui est raconté à ce sujet soit en tous points vrai, cependant il n'est pas moins incontestable que tant de plaintes et de protestations ne pourient être sans fondement. Il est évident, d'ailleurs, que l'esprit d'équité et de justice dont Notre Auguste Souverain est animé ne saurait admettre que la moindre vexation soit commise aux dépens de ses fidèles sujets. Aussi attendons-nous avec confiance de Votre Excellence la prompte application des dispositions des lois pénales aux coupables, une fois que l'enquête ouverte à ce sujet sera dûment terminée.

« Quant à l'exécution de ces dispositions, il est évident que les personnes que j'ai nommées plus haut étan des chefs de tribus kurdes et en même temps des Beys, la malheureuse population n'oserait attaquer en justice ces derniers et leurs partisans, gens très-puissants et très-influents. De même, il est très-probable, et nous en avons des preuves, que ces gens, dans le but de cacher leur culpabilité ou de l'atténuer, auront recours à des moyens inavouables. Il est donc urgent que ledit Husséin Bey soit relevé de ses fonctions de Kaïmakam de Gou zouldjan et remplacé par un fonctionnaire honnête et digne de ce poste; il faut aussi que les susdits Beys et leurs partisans soient provisoirement mis en état d'arrestation, jusqu'à ce que leur innocence ou leur culpabilité soit reconnue; il est nécessaire d'annoncer publiquement en donnant toute assurance voulue que quiconque a quelque grief à leur reprocher peut le porter devant les tribunaux, y exposer ses plaintes et y faire entendre ses protestations. Nous vous recommandons, ensuite, de mettre tous vos soins à connaître les plaintes dans tous leurs détails et à juger les deux parties avec toute la perspicacité nécessaire; et si pour des crimes du droit commun, commis par ces Beys, il ne se présente pas de plaignant, vous ferez juger les crimes et constituerez accusatrice l'administration locale; puis après avoir fait réviser les décisions par les cours de justice du chef-lieu du vilayet, les sentences rendues par vos tribunaux, vous voudrez bien m'adresser votre rapport le plus tôt possible, afin que les formalités légales soient remplies. En un mot, prenez des mesures énergiques et équitables pour qu'à l'avenir la tranquillité et la sécurité complètes des populations ne soient de nouveau mises en question et ne donnent point lieu à des plaintes semblables (II Djémazil-evvel 1288).

« Signé : AALI. »

IIᵉ ORDRE VÉZIRIEL.

« Par une lettre du 11 djémazil-evvel dernier, il a été recommandé à Votre Excellence d'examiner et de juger les plaintes des Arméniens de Kyghi et d'Erzinghian qui ont à souffrir de l'oppression de quelques Beys. Quelques délégués de la population opprimée qui se trouvent à Constantinople m'ont informé de leur intention de se rendre chez vous pour porter plainte contre ces Beys. Ils ont demandé que la justice s'intéresse aussi à leur sort et que la recommandation précédente soit prise en sérieuse considération. Je vous recommande donc, par la présente, de vouloir bien exécuter les dispositions de la Loi et de ne pas négliger de me communiquer le résultat de vos travaux.

« 15 chaban 1288.

« Signé : MAHMOUD NÉDIM. »

IIIᵉ ORDRE VÉZIRIEL.

« Nous avons reçu la lettre de Votre Excellence ainsi que le rapport y joint relatif à Husséin Bey, Kaïmakam de Gouzouldjan. Vous nous annoncez qu'il a été constaté par les aveux mêmes de Cara-Husséin Oglou Mehmed et de Gudjenkli Mehmed Agha que leurs plaintes formelles au nom de la population contre le susdit Husséin Bey ne proviennent que d'animosités personnelles; que dans la question agraire, le susdit Bey a eu raison contre les quatre accusateurs non-musulmans, que les accusations des deux autres demandeurs ne se rapportent pas au susdit Bey; et que, par conséquent, il a été décidé d'éloigner de la contrée les deux susdits Mehmed Aglia et leurs partisans pour avoir lancé des accusations non fondées. Ces pièces ayant été communiquées au Ministère de la Justice, ce département a élaboré un rapport constatant que le susdit Husséin Bey, ayant abusé de l'influence qu'il avait acquise aux environs de Dersimo, a causé des embarras au Gouvernement Impérial. Fils de Chah Husséin-Oglou Ali Bey, exilé à Viddin, il est devenu célèbre depuis quelque temps en marchant sur les traces de son père et en pressurant le peuple par toutes sortes de vexations. Il suscite, en outre, des obstacles à l'établissement dans ces contrées d'une administration civile et judiciaire. Le Patriarche arménien ne cesse de se plaindre de cet état de choses, et même plusieurs personnes m'assurent que, si ces oppressions continuent encore longtemps, les Chrétiens de ces contrées seront obligés d'abandonner leur pays et d'émigrer. La Sublime Porte n'a pas manqué d'adresser à l'administration de votre province des ordres et des instructions énergiques pour que le susdit Bey se présente devant ses accusateurs et que justice fût faite dans les causes privées comme dans celles d'intérêt public. Cependant le résultat désiré n'a point été obtenu.

« Vous m'annoncez aujourd'hui que les accusateurs n'ont pu produire les preuves de leurs griefs et que, le dit Bey ayant été reconnu innocent, il devient nécessaire d'exiler quelques-uns de ses accusateurs musulmans et non-musulmans ; mais si, dans un cas politique urgent, on peut infliger à un particulier des peines exceptionnelles, sans tenir compte des dispositions de la loi, cependant dans des causes privées il n'est point conforme ni à la loi, ni à la justice, d'agir selon votre proposition. De plus, si les personnes dont il s'agit étaient punies d'exil pour n'avoir pu prouver leurs accusations, leur sort serait très déplorable, et on fournirait ainsi au susdit Bey l'occasion de se livrer à toutes sortes de vexations s'il est maintenu dans son poste. Mais s'il est éloigné de ces contrées, les plaintes de la population cessent et les obstacles à l'établissement de la sécurité aux alentours du mont Dersime disparaissent.

« Il faut donc, en attendant que le Gouvernement Impérial parvienne à se convaincre de la conduite irréprochable et des actes du susdit Bey, le nommer Kaïmakam d'une autre ville assez éloignée de celle où il est, sans lui permettre de revenir dans son pays. Quant à la punition des susdites personnes, je le répète, elle n'est point recevable devant la Loi.

« Nous recommandons par la présente à Votre Excellence d'agir conformément aux prescriptions du rapport mentionné plus haut.

« 14 Rédjeb 1289.

« Signé : Midhat »

IV. Ordre véziriel.

« A la suite d'une décision prise par le Conseil d'État, il vous avait été ordonné, le 14 Rédjeb dernier de relever de son poste et d'en éloigner, à cause de sa conduite répréhensible, Chah Husséin Oglou Husséin Bey, Kaïmakam de Gouzouldjan. Cependant, la population de cette localité se plaint de ce que non seulement cet ordre n'a pas été exécuté, mais que le susdit Bey continue ses actes de violence et de vexation.

« Sur la décision du *Mouhakémat*, nous vous enjoignons de mettre en exécution l'ordre précité et de nous en télégraphier le résultat.

« 24 Ramazan 1289.

« Signé : Mehemmed Ruchdi. »

V. Ordre véziriel.

« Par une pétition présentée au nom de la population du district d'Erzinghian, il a été demandé la destitution de Husséin Bey, Kaïmakam, à cause de sa conduite illégale et des actes arbitraires qu'il se permet envers ses administrés. Il résulte de cette pétition que la conduite de ce Kaïmakam ne saurait assurer la bonne administration de la chose publique ; d'un autre côté le susdit Bey ne peut être Kaïmakam d'une localité dont il est originaire. Une commission spéciale instituée avec mission d'examiner le cas, a jugé nécessaire la destitution de Husséin Bey, son envoi au chef-lieu du vilayet, pour y être mis en jugement, son remplacement par une personne intègre du vilayet, et à défaut de celle-ci, par une personne qu'on enverra de la Capitale.

« J'envoie ci-jointes à Votre Excellence les pièces ordonnant ces décisions et vous recommande de prendre à cette fin telles mesures que vous jugerez nécessaires.

« 10 Mouharrem 1290.

« Signé : Husséin Avni. »

Malgré ces cinq ordres véziriels, le susdit Husséin Bey continue d'exercer les fonctions de Kaïmakam de Gouzouldjan.

XVI. A la date du 26 Djémazil-evvel 1290 (9 juillet 1873), le Patriarcat a adressé à la Sublime Porte un *Takrir* relatant le pillage du monastère de Hokvotz (province de Van).

Aucune réponse n'a été faite jusqu'ici.

XVII. Un Arménien nommé Babig, de Sivas, embrasse la religion mahométane et veut entraîner sa fille avec lui. Celle-ci, étant majeure, prend la fuite et cherche un refuge dans le monastère. Les Musulmans prétendent que la fille n'aurait pas dû quitter le toit paternel, font irruption dans le couvent et enlèvent la fille de vive force.

Le Patriarcat adresse un *Takrir* à la Sublime Porte à la date du 8 Chaban 1290 (18 septembre 1873).

La Sublime Porte ordonna de rendre d'abord la fille au père renégat et de faire ensuite une enquête, s'il y a lieu, pour élucider la question.

Un second *Takrir*, en date du 14 Chevval 1290 (22 novembre 1873), a été adressé à la Sublime Porte avec prière de permettre à la fille de quitter le domicile paternel et de rejoindre sa mère.

La Sublime Porte n'a pas donné suite à l'affaire et a laissé sans réponse la demande du Patriarcat.

Un troisième *Takrir* relatif à la même affaire a été adressé à la Porte, en date du 21 Rébul-akrir 1291 (25 mai 1874).

La Sublime Porte a rendu un ordre de *Istilam* (informations demandées à l'autorité provinciale).

Pour la quatrième fois le Patriarcat a eu recours au Gouvernement par un *Takrir*, en date du 12 Chaban 1291 (11 septembre 1874 (v. s.).

La Porte y a répondu par l'envoi d'un second *Istilam*. Enfin ce n'est que trois ans après, et il n'y a pas un mois; que la fille a été rendue à la liberté.

XVIII. — Les habitants arméniens des villages du district de Modgan (Mutéssariflik de Mouch) avaient souvent à se plaindre des exactions que leur faisaient subir les hordes kurdes.

Le Patriarcat s'est adressé à la Sublime Porte, en date du 11 Chaban 1290 (21 septembre 1873); il a accompagné son *Takrir* d'un relevé des objets enlevés par les Kurdes dans l'espace d'une seule année. Voici ce relevé :

Noms des villages.	Moutons.	Indienne rouge. Pièces	Valeur. Piastres	Vêtement. Pièces	Denrées et autres vivres Batmans *
Mesto	30	28	3000	»	»
Kianlo	56	63	5850	»	400
Pachagh	100	30	4000	20	250
Esen-Pounar	50	40	7000	30	300
Khor	15	15	2000	»	250
Méré-Dagh	13	15	1300	13	150
Kasakh	15	15	4500	»	100
Horsengue	13	25	2500	10	100
Mésoque	25	15	3500	10	200
Péroutque	15	»	1500	8	»
Karpo	»	»	2000	»	200
Korlo	115	»	11260	30	»
Markork	39	15	1800	»	»
Khambel	»	»	2120	»	»
Comessy	44	»	720	»	»
Papéline	150	»	500	»	22
Zévar	120	»	»	»	»
	799	261	P. 53550	121	B. 1972

XIX. Mehmed Bey de Késsau-Déré, de Bitlis, avec ses douze enfants et ses parents commettent toutes sortes de vexations dans trente-deux villages du même district. L'autorité locale n'ayant point tenu compte des plaintes des habitants, ceux-ci, tant Chrétiens que Musulmans, se sont adressés au Patriarcat arménien par un *Mazbata*. L'affaire a donné lieu à un *Takrir* en date du 28 zilcadé 1290 (5 janvier 1874).

La Sublime porte a envoyé des ordres aux autorités locales.

* Batman (mesure de capacité de 7 1|2 kilogrammes).

XX. Abdi Bey, l'un des principaux chefs des hordes kurdes qui dévastaient les villages du district de Sbaherd (Vilayet de Diarbékir), avait su parvenir aux fonctions de *Mudir*. Avec le concours d'un certain Mahmoud, son parent, ainsi que des nommés Chérif Kourchide et autres, il avait rendu ces localités le théâtre de ses exactions et de ses avanies. Il s'emparait de force des terrains cultivés par les Arméniens et faisait main basse sur le bétail. Il s'était en outre approprié l'église située dans le cimetière arménien du village Housb et l'avait démolie pour s'en faire une maison d'habitation. De même les nommés Osman, Ismaïl, Chérif, Moussa, Mahmoud, Dervische, Tély, Hassan, Koursendjili, Mahmoud et Mevla-Oglou, tous Beys kurdes habitant les villages du district d'Eroun, opprimaient impunément les habitants de ces localités. Ceux-ci, réduits à toute extrémité, restés sans protection aucune, n'osaient se plaindre aux autorités locales. Un *Takrir*, en date du 24 sépher 1291 (30 mars 1874), a été adressé à la Porte pour demander l'assistance du gouvernement central à l'effet d'assurer au peuple une situation meilleure et de faire restituer aux Arméniens l'église du cimetière, devenue le repaire d'un chef de brigands.

La Sublime Porte a envoyé des ordres.

XXI. Les Kurdes de Sassoun habitant le village Mahboubang, distant d'une demi-heure du couvent arménien Aghpurigue, de Mouch, entrent sans façon dans le dit couvent, y font bonne chère et, ce qu'il y a de plus étrange, ils prélèvent à titre de contribution annuelle 400 piastres, 4 bœufs, 20 moutons, 4 batmans de tabac, 4 batmans de beurre et 5 boisseaux de blé, et si les religieux refusent de donner ces objets, le couvent et les Arméniens de l'endroit sont exposés à de grands dangers.

Le Pâtriarcat a adressé à la Porte un *Takrir* en date du 21 Rébul-evvel 1291 (25 avril 1874).

Ordre a été obtenu de la Porte.

XXII. — Des lettres adressées au Patriarcat par le vicaire du Catholicos d'Aghtamor, Mgr Hagop, et par le délégué du Patriarcat à Van, l'abbé Kricoris, relativement aux immeubles des villageois arméniens du district de Chadagh (province de Van), il résulte que, toutes les fois que cette province a possédé des fonctionnaires insouciants à faire exécuter les lois et indifférents à défendre les droits des populations, les Beys kurdes, reprenant la conduite tyrannique qu'ils exerçaient avant la promulgation du *Tanzimat*, maltraitant, persécutant les Arméniens afin de les amener à leur payer des droits abolis, les Beys kurdes, disons-nous, ont détruit des églises, commis des violences, incendié des champs; ils ont aussi assassiné les nommés Manoug, Sarkis, Aziz-Koulé, Garabed, de Mousgava, Apraham, et Assadour de Djidjan, Mourad et tant d'autres; ils ont chassé les habitants des villages de Khafo, Chekdjantz, Martzekh, Pangan, Borocond et Djidjan et se sont approprié leur biens; ils se sont aussi emparés des biens appartenant à douze autres villages arméniens, contestant aux habitants de ces villages le droit de posséder des immeubles.

La population arménienne s'est adressée à l'autorité du chef-lieu, laquelle a pris leurs plaintes en considération, et a envoyé sur les lieux, en 1872, comme commissaires, les nommés Aghabey et Parsek : les commissaires ont constaté la véracité des faits ; ils ont rédigé un rapport en conséquence, et ont conclu en recommandant l'emploi de moyens énergiques pour dompter les Kurdes.

L'année suivante, Hadji Ibrahim-zadé Réchid effendi fut envoyé dans le district de Chadagh pour mettre en exécution la loi du *Tapou*.

Ce fonctionnaire a enregistré au nom de Beys kurdes, à l'insu de leurs véritables propriétaires, les meilleures parcelles de terrain. La fraude ayant été découverte, plus de deux cents villageois se sont rendus à Van, pour se plaindre de ce déni de justice, et ils ont aussi envoyé au Patriarcat, pour être soumis à la Porte, une requête rédigée en langue turque.

Le Patriarcat, en remettant cette requête à la Sublime Porte, y a joint un *Takrir*, en date du 8 Redjeb 1291 (9 août 1874).

Il est resté sans réponse.

Une lettre du Vicaire Patriarcal de Van, l'abbé Tatéos, en date du 23 décembre suivant, constate qu'au moment où l'autorité locale, reconnaissant cinq cents pièces de terre comme immeubles appartenant à des villageois arméniens, était en train de leur en livrer les titres de propriété, les Beys kurdes sont devenus furieux, et désespérés de ne pouvoir s'approprier les terres susmentionnées et d'en obtenir les titres en règle, ils ont, pour ne pas en laisser la jouissance aux villageois, envahi leurs villages et ont incendié les bergeries, les meules de foin d'une dizaine de villages et ont causé beaucoup d'autres dégâts.

L'auteur de la lettre désigne comme auteurs de ces méfaits les nommés Mehmed-Ali, Chérif et Csman, de la tribu des Guirnan Achéreti.

Le Patriarche a écrit, à ce sujet, au vali d'Erzeroum une lettre, en date du 5 février 1875 (10 Mouharrem 1292).

Une autre lettre du vicaire précité, en date de Van, du 28 février 1875, apprend que le gouverneur de Van apporte beaucoup de soin pour sauvegarder les droits des Arméniens ; mais que les Beys kurdes suscitent continuellement de nouveaux obstacles pour déposséder les Arméniens de leurs immeubles.

Sur ces informations, le Patriarche s'est empressé d'adresser au gouverneur de Van une lettre de remerciments, en date du 21 mai 1875 (27 Rébul-akhir 1292).

XXIII. Le *Takrir* suivant traitant la question de rendre la population arménienne propriétaire de terrains a été adressé à la Sublime Porte.

« La plus grande partie de la nation arménienne qui est sous l'égide puissante du Gouvernement ottoman se trouve établie dans la Turquie d'Asie, et une notable partie de ces populations s'occupent exclusivement de la culture de la terre. Cependant il a été constaté que certains Beys kurdes et des Aghas musulmans sont, depuis quelque temps, parvenus, à force de ruse, à s'emparer des champs labourés et à priver ainsi nos coreligionnaires de leurs droits incontestables, de manière que ces derniers se voient dépouillés de leurs droits les plus sacrés par le fait même de ces intrus, qui partagent avec le paysan et lui enlèvent souvent de force le mince produit de tant de labeurs, produit à peine suffisant au plus strict nécessaire de sa famille. Le cultivateur ne pouvant ainsi satisfaire à ces exigence exorbitantes, s'attire, malgré lui, toutes sortes d'exactions, se trouve aux prises avec une misère tellement insupportable, qu'il se voit incapable de subvenir à ses besoins et de payer au fisc les impôts, déjà assez lourds. La conséquence fatale de cet état de choses est que le paysan, réduit à toute extrémité et ne pouvant se soustraire à un sort aussi dur, se voit forcé d'abandonner sa famille et son patrimoine. Aussi ces cultivateurs arrivent en masse à Constantinople ou émigrent dans d'autres villes pour y chercher du travail. Il s'ensuit que des milliers d'acres de terrain qui pouvaient être très-féconds en produits de tout genre restent en friche, au grand préjudice du Trésor.

« Avant la promulgation du *Tanzimat*, alors que plusieurs provinces, districts et communes de la Turquie d'Asie étaient administrés arbitrairement et hors la Loi, de nombreux chefs kurdes et des Déréboys (espèce de seigneurs féodaux) avaient su, au moyen de leur puissance et de leur influence, accaparer les champs, les vignobles et les jardins et en avaient fait leur *Yourdlik*, leur *Odjaklik* (propriété domaniale sans contrôle). Ils considéraient les paysans comme leurs serfs. Cependant, à l'établissement du *Tanzimat*, les Beys et les notables en question ont été amenés à l'obéissance ; de nouvelles lois ont été élaborées, les terrains et les champs labourables ont été restitués à leurs propriétaires légitimes, et le Gouvernement Impérial a fait des efforts afin de soustraire les paysans à cette domination tyrannique. Cependant l'indifférence et l'insouciance de certaines autorités provinciales sont cause que des immixtions et des vexations sont encore exercées par quelques Beys et Aghas sur des villageois arméniens, dans des questions de propriété. La population agricole, écrasée sous le poids d'une oppression systématique, court le danger d'être totalement anéantie dans un laps de temps peu éloigné, et l'agriculture étant ainsi abandonnée à une destruction fatale, l'État, ainsi que le pays, éprouvera des dommages incalculables.

« Quoique la Sublime Porte, en vue de mettre fin à ce douloureux état de choses et afin de protéger les populations rurales contre ces abus monstrueux, ait, sur les instances de notre Patriarcat et les pétitions pressantes et renouvelées du peuple opprimé, adressé des ordres formels et précis aux autorités provinciales, cependant, malgré ces instructions péremptoires, les fonctionnaires du Gouvernement attachant de l'importance aux assertions sans fondement des Beys et notables musulmans, qui prétendent que les terrains et les champs arables constitueraient leur propriété exclusive, ces fonctionnaires, disons-nous, sans jamais vouloir approfondir cette question, rédigent en conséquence leurs rapports qu'ils adressent à la Sublime-Porte, et la question ne fait pas un pas en avant.

« L'agriculture a été, de tout temps, considérée, avec raison, comme l'un des moyens les plus propres, peut-être même le premier, pour procurer au pays un bien-être général.

« Pendant que l'État fait tant de louables efforts pour le développement de cette branche de richesse publique, la majeure partie de notre population continue à se trouver, sous ce rapport, dans une situation déplorable. Cependant, il nous est doux d'espérer que le Gouvernement Impérial daignera jeter un regard de compassion sur le triste sort de cette population.

« Mais, pour faire progresser l'agriculture en Anatolie et procurer au cultivateur un bien-être et une sécurité relatifs, il est de toute nécessité de défendre que personne ne s'immisce dans les droits de propriété du cultivateur arménien; de même, il est indispensable que le travailleur qui ne possède pas de champ à lui appartenant puisse en acquérir; cependant, les autorités provinciales négligent complétement ce point essentiel; les plaintes des villageois, nos compatriotes, vont en augmentant, et les mesures prises à cet égard n'ont point produit le résultat espéré. Et comme la prospérité de l'État exige que les abus cessent, au grand profit de la classe agricole, nous sommes convaincus que si la Sublime Porte daignait nommer une Commission spéciale et l'envoyer en Anatolie pour examiner, sur les lieux, l'état de choses existant et en indiquer les remèdes, les populations agricoles seraient débarrassées du joug oppresseur des Beys et des Aghas, et mèneraient une existence paisible et tranquille, l'agriculture serait dégagée de toutes ses entraves et parviendrait à un degré de développement si ardemment désiré, et cela à l'avantage des revenus de l'État.

« En sollicitant, sur ce point, la bienveillante attention du Gouvernement Impérial, nous avons l'honneur d'être, etc.

« 24 Redjeb 1291 (24 août 1874),

« (Signé) : NERSÈS, *Patriarche*. »

Sceau du Comité des Affaires civiles de la Nation arménienne.

Voici la réponse de la Sublime Porte :

« Éminence,

« Nous avons reçu et soumis au Conseil d'État le *Takrir* de Votre Sainteté, par lequel vous nous informez que des gens influents, s'étant approprié illégalement des propriétés appartenant à des Arméniens d'Anatolie, ont spolié ces derniers de leurs droits de possession ; que les ordres de la Sublime Porte prescrivant de remédier à cet état de choses et de veiller au bien-être et à la sécurité des habitants molestés sont restés inexécutés par suite de l'incurie des autorités provinciales.

« Vous me demandez aussi l'envoi dans les provinces d'Anatolie d'une commission spéciale avec mandat d'examiner les questions qui donnent lieu à des plaintes continuelles de la part de la population arménienne.

« Le Conseil d'État déclare que le Gouvernement Impérial a solennellement proclamé que les droits légitimes de tous les sujets de l'Empire indistinctement doivent être sauvegardés, et que quiconque aurait agi contrairement à ce principe doit être puni après constatation du délit.

« Mais le Conseil d'État ne juge pas opportun de créer une commission qui serait chargée d'examiner des plaintes générales dans lesquelles ne se trouvent pas indiqués les noms des gens dont on se plaint, ni les noms des lieux où se seraient passés les faits incriminés. Le Conseil d'État est d'avis que, pour infliger, après jugement, aux délinquants les peines qu'ils auraient encourues, Votre Sainteté doit préciser les endroits où les persécutions ont eu lieu, quels en sont les auteurs, au préjudice de qui elles ont été commises et en quoi elles consistent.

« Par conséquent, nous vous demandons d'agir conformément au présent.

« 11 ramazan 1291 (octobre 1874).

« Signé : AARIFI,
« *Ministre des affaires étrangères.* »

Second *Takrir* du Patriarcat concernant la même question.

« Nous avons eu l'honneur de recevoir la réponse de Votre Altesse relativement à la question agraire en Anatolie. Conformément aux ordres de Votre Altesse, nous nous empressons de remettre ci-jointe une liste détaillée des noms de ceux de nos compatriotes dont les immeubles ayant été usurpés par des gens tout-puissants sont réduits à la ruine complète et au servage.

« Il est à peine nécessaire de répéter ici qu'un grand nombre de Beys et d'Aghas influents, profitant de la faiblesse de nos compatriotes, de leur manque d'expérience et de leur ignorance des prescriptions des lois du pays, et aussi encouragés par l'indifférence de certaines autorités provinciales, ont réussi à faire inscrire en leur nom les champs des villageois ; et ceux d'entre ces Beys et Aghas qui n'ont pas encore pu s'emparer des biens de nos compatriotes emploient toutes sortes de fraudes et de menaces ; distribuent de force des semences aux villageois et prélèvent de la récolte produite à la sueur du front de ces pauvres gens la moitié et quelquefois plus, et cela nonobstant la dîme que ces villageois sont obligés de payer au fisc.

« Pour remédier à cette situation préjudiciable, il est nécessaire que les cultivateurs arméniens puissent avoir des terres suffisantes pour leurs besoins et qu'ils soient aussi délivrés de l'ingérence de personnes influentes ; mais comme la mise en exécution de ces améliorations dépend des mesures décrétées par le Gouvernement, et comme nous sommes convaincus que la Sublime Porte voudra en toute circonstance délivrer notre malheureuse population de toute pression et de tout déni de justice, nous prenons la liberté de réitérer notre précédente demande et nous sollicitons qu'une commission soit créée et envoyée en Anatolie.

« 3 janvier 1875 (3 Zilhidjé 1291).

« Signé : Nersès,
« *Patriarche.* »

Voici la liste détaillée dont il a été question plus haut :

Vilayet d'Erzeroum

Villages ressortissant des Mutessariflik. de Van

Au village d'Asdouazazin, les nommés Hadji Mustafa Sadouk Oglou et Kapyl Dupessly, de la tribu kurde des Shivé, se sont emparés arbitrairement de tous les champs de labour.

Les terrains dits Gheuller et un cours d'eau dépendant du village de Djanik, ainsi que les champs à culture et les pâturages du village de Dérébeg ont été accaparés par le nommé Mahmoud résidant dans cette dernière localité.

Les terrains des villages Kaladjakh, par les Beys Kurdes de la tribu Shivé,

Ceux du village Lyme, par les nommés Tatar-Khan Oglou,

Ceux du village Guélébeg, par Topdjouzadé Sélim Agha,

Ceux du village Hashbishad, par Numan Agha Djamoushdji Oglou,

Ceux du village Carkalau, par Beyzadé Oglou Yousouf Khan et ses frères,

Les pâturages du village Alour, par les Musulmans du village Ayance,

Une partie des terrains appartenant au couvent arménien de Guédoutz Anabad, par Mustapha, fils de Mollah-Sheik Kassim,

Les terrains du village de Ichoban-Oglou, par les Kurdes de villages voisins,

Ceux du village de Faroughe, par les nommés Beyzadé Mahmoud et Ahmed Aghas,

Une partie de ceux du village d'Ankigh (Vautour), par les Musulmans d'Ardamède,

Ceux du village de Beltentz, par Abdoullah Bey et ses compagnons.

Ceux du village Hardje, par Mahmoud Agha, chef des Achaouches (agents de police),

Une partie des terrains du village de Ghym, par Baryam Agha et consorts,

Les terrains des villages de Harémer et de Hankishdantz, par quelques notables Musulmans résidant à Van,

Ceux du village Asduazzachène, par les habitants Kurdes de la localité,

Les champs appartenant au village de Couranbach et au couvent arménien de la Sainte-Croix par les les Beys Yousouf et Tahir Timour Oglou, natifs de Van,

Ceux du village Nor-Chêne, par les Kurdes Kolo et Bloti de la tribu des Schivé,

Ceux du village Sousserat, par Adoushène, et Mahmoud effendi, natifs de Van,

Les terrains du village d'At-Coutchal, par Tchaousdji Ahmed effendi, natif de Van,

Tous les terrains appartenant au bourg de Bach-Kalé et aux villages arméniens de Van, connus sous les noms de Tchéressan, Baze et Hasboudan, sont accaparés par les Scheikhs et les Beys résidant dans ces mêmes localités.

Villages relevant du bourg de Khoshab.

Les terrains du village de Mirano ont été accaparés par les Beys Hassan et Ghalib Timourzadé, natifs de Van,

Ceux du village de Zénisse, par Moustafa effendi de Van,

Ceux du village de Khateh (Sainte-Croix), par quelques notables Kurdes de la tribu dite des Chemségues,

Une partie des terres du village de Kasse, par les Kurdes du voisinage, et une autre partie par les Kurdes du bourg de Khoshat.

Les terrains du village Ghianghénar, par Dirbaz Agha et consorts, tous natifs d'Aghdjakaleh.

Villages relevant du bourg de Nordough, dépendance de Van.

Les terrains appartenant aux villages arméniens de Perbédélad, Koghmessi et Ekbi sont tombés au pouvoir des nommés Yakoub, Kel-Mehmed et Ali-Mehmed, tous les trois, fils du nommé Omer Agha,

Ceux du village de Skamonisse sont au pouvoir des fils d'Osman Agha et de ses parents,

Ceux du village Alcan sont détenus par le nommé Tahir Agha,

Les Kurdes des villages d'Alsine et Aral ont chassé de leurs terres les habitants arméniens des villages voisins et se sont emparés de leurs immeubles,

Villages relevant du bourg Berghère, dépendance de Van.

Les terrains du village d'Adlav, quoique transférés légalement au nom des villageois par des titres *Tapou*, n'en sont pas moins devenus les propriétés des Beys Ghalib et Hassan Timour Oglou, natifs de Van.

Ceux du village Berghère sont tombés entre les mains des Beys Ibisch et Techler.

Le nommé Mirza de la tribu des Schivé s'est emparé d'une partie des terrains appartenant au village de Saint-Taddée.

Villages relevant du bourg Erdish, dépendance de Van.

Les terrains du village Sosgan sont accaparés par les nommés Hadji-Shivagh et Dervish Aghas,

Ceux du village Manavank, par Soliman effendi et Ali Bey,

Ceux du village Baye, par les Kurdes de Mahmou, de Sirmé et d'Adaman,

Les terrains du village de Madjar, par les Kurdes de Hayderan,

Les champs du village d'Aghi, par les fils du nommé Suleyman Bey,

Ceux du village Akran, par le nommé Moustapha, natif de Hayderan,

Ceux du village Pir-Omer, par le nommé Timour, fils de Moustapha Agha,

Les terrains du village Cracom, par le nommé Topaltimour et les fils de Calez Bey,

Ceux du village Kizel Kilissé, par Souleyman Bey de Barghère.

Les prairies connues sous les noms de Khan Vartan et de Kir-Cameteh, dans le village Kutchuk, par les Beys Khizir et Ibish.

La prairie du village Tcherakly, par Topal Hussein Agha, de Haydaran.

Villages relevant du bourg de Kodoch, district de Van.

Le nommé Ahmed Agha et son frère se sont emparés de terrains du village de Kodoch; les nommés Meghdé et ses coassociés de ceux de Guirlévogue. Enfin, les nommés Taco Aghassi, Saadi et ses frères se sont rendus maîtres des terrains cultivables du village d'Akhorig.

Les Kurdes de Shékake, se rendant arbitrairement maîtres des terrains appartenant aux villages arméniens de Shérendjan et Djeldjiligue, en ont expulsé les propriétaires légitimes.

Shadakh, district de Van.

Le nommé Mehmed Agha, de Ghirvan à Kharanabacan, Khomar et Gadjette,

Mustafa, fils de Shahine Agha, à Hinanse et Djetoug,
Osman Agha, à Ditchasbar,
Ali et Abdi Aghas, à Sozantz,
Les nommés Yakoub et Kel Mehmed Agha, à Boloss, à Tchalganse et à Zishanse,
Baghdash Agha, à Sevrec,
Chérif Agha, à Balgue,
Les nommés Chahin et Moustafa Aghas, à Guivretch,
Kel Mehmed Agha, à Baboutch Mezrova,
Abdi Agha, à Ericom,
Cheikh Abdulrahman Agha, à Charvur,
Suvari Chérif Agha, à Képaritch et à Harbaritch,
Les Kurdes appartenant à la tribu dite Chémi dans les deux villages de Darontz,
Les Kurdes des tribus dites Doudère et Mihran, à Cara-Déré, en ce qui concerne les terrains appartenant au couvent de la Sainte-Vierge,
Le fils de Nouh Bey, à Cor et à Chiraz,
Chahbaz et Moustafa Aghas, à Vakhrof,
Tahir et Saadeldine Aghas, à Hacroz,
Les chefs de la tribu Mihran, à Haremshad,
Paydal Agha, à Zalk,
Cheikh Abdoullah de Lorandashde, à Mousguiaven et à Hakiss.

Tous ces gens influents se sont rendus maîtres des terrains appartenant aux villages ci-dessus mentionnés.

La tribu kurde Doudère impose arbitrairement la taxe dite *Chahnalik* (droit de mesurage) aux habitants du village Cheydan.

Mehmed Agha de Guirvan s'est emparé du village arménien Marsch et de son église et a impitoyablement expulsé les pauvres villageois.

Les terrains du village Zaghguia-vank (couvent florissant) sont tombés au pouvoir du nommé Moustafa, fils de Chahin Agha.

Mox, district de Van.

Mollah Abdeldin, à Sods,
Mollah Chérif et ses parents, à Comer,
Les nommés Ali, Mollah, Moussa, Youssouf et Ibrahim, à Guidriz.
Ibrahim et Halil Agha, à Myr,
Les Beys Omer, Hissenoub, Dervisch et Chaki, à Sib.
Youssouf Agha, à Saxi,

Haled Bey et ses frères, fils de Nasr Bey, à Berdenoud,
Mollah Féyim d'Ardavanse, à Nachévan,
Mollah Chérif, Mollah Ali et ses frères, à Miragantz,
Les Kurdes Abdulgassour, Hissénoc et Zeinel, à Sibganse,
Kourchid et les fils Mirchalad, à Adidjance,
Abdoullah Bey et Youssouf Bey, fils de Khan Mahmoud, à Noradanse,
Les fils de Ketmer Bey et les frères Baday, à Siglantz,
Dervich et Béhran Beys, à Kinégantz,
Haled et Behran Beys, et Mollah Abbas, à Patte,
Mollahféhim, Mehmed Séïd et Youssouf beys, à Boulentz,
Behran Bey, à Yangulgue,
Les Kurdes Guiram et Mehmed, à Halanse,
Les Kurdes Abdulghassour et Hamdan, à Acrag et à Dramagh,
Guévante et Guibran, tous les deux fils de Ismaïl Agha, à Zartanse,
Chérif Bey, à Hatchmoghes,
Les fils de Sélim Bey, à Macni,
Les Kurdes Guévante et Guiran, natifs de Dynis, à Gomanse,
Mollah Féhim, Chéïh Tahir et Zohrab, à Kirdosse,
Abdal Bey et ses frères, à Karkdjanse,
Behran Bey et les fils de Ketmer Bey, à Lorante.

Tous ces personnages répandent la terreur et la consternation dans les villages déjà nommés.

Les habitants de ces localités, ainsi que ceux des villages dont les noms suivent, relevant tous du même district, sont pour ces Kurdes des gens taillables et corvéables à merci.

Les terrains appartenant aux villages Haghin, Hussissaplour, Pedaditch, Askentcha, Lulens, Ghaythanse et Harpitch, de même que ceux qui sont la dépendance du couvent arménien du Saint-Sauveur, sont au pouvoir d'Abdoullah Bey et de ses frères.

Les terrains dits Deurt-Mahallé, dépendance de la ville de Moxe, sont arbitrairement occupés par les nommés Abdoullah Bey, par ses frères et ses parents.

Les champs du village Lidjan et du couvent Pchavank sont accaparés par le nommé Salih Bey.

Ceux du village Sebean et du couvent de St-Jean-Baptiste, par les fils de Zeynel Bey.

Les terrains des villages Kodjoghi et Guidja, ainsi que ceux du couvent St-Manongue, par les Kurdes Livan et Abdulghassour, natifs de Dynis.

Gargar, district de Van.

Les notables de la tribu kurde de Donder se sont emparés des terrains appartenant aux villages Guidji, Midjgamo, Mélik, Khiroram, et Dad.

De même, les terrains du village Zakhokh sont occupés par les notables kurdes de la tribu dite Alécan.

Gavash, district de Van.

Les Kurdes de Hintz se sont rendus maîtres par usurpation des dépendances du couvent arménien Saint-Haroutine, à Déné-Boyounou, de même le nommé Osman et ses parents, de Dakhman, occupent illégalement les dépendances du couvent Saint-Thomas.

Les Kurdes de Dakhmad, à Shadvan,

Les fils de Mollah Dervish, à Khizag,

Les Kurdes de Ilyiné, à Haghon,

Feidah Bey et ses parents, à Bedaganz et les notables de Dadère (Haut-Sarah) disposent selon leur bon plaisir des terrains appartenant à ces villages.

Vasdan, district de Van.

Les dépendances des couvents Ak-Manastir et Saint-Nichan sont usurpés par Sélim Bey, Hassan Agha et ses fils.

Les Kurdes de Vasdan occupent les terrains appartenant au couvent de Haylo.

Abdoullah et Sélim Bey et leurs enfants, à Bélense,

Les fils de Khan Mahmoud, à Hariren et Zaricantz,

Les nommés Mehmed et Ezebsher Aghas, à Boghanis, se sont emparés des terrains appartenant à ces localités.

Dans le district de Mouch.

Certains Kurdes de la tribu dite Alamau sont parvenus à se rendre maîtres des terrains appartenant au village Carso, en se faisant délivrer des titres *Tapou*, n'ayant aucune valeur légale.

Certains autres notables de la même tribu sont les possesseurs sans titres des dépendances du couvent de Saint-Jean.

De même Hussein effendi, Mufti de Mouch, occupe arbitrairement les terrains du village Morning.

Kéghi, district d'Erzindjan.

Husséin Bey, Chah Husséin Oglou, Kaïmacam de Kouzeltchan, au village de Altoun Husséin, de même Ismaïl Bey et son frère, fils de Mahmoud Bey, au village de Shène, se sont rendus maîtres des terrains dépendant de ces deux villages, possessions auxquelles ils n'ont légalement aucun droit.

Dans le district de Kosad.

Le nommé Maksoud, dit petit-fils de Maksoud, de la tribu de Codja-Ouchaghi, est parvenu, il y a quelques années, à faire transférer en son nom les terrains du village Brasdik et à se faire délivrer des titres *Tapou*.

Codja Oglou Moustafa, de la même tribu, a réussi par des moyens inavouables à obtenir des titres Tapous et à s'emparer d'une partie des terrains du village Haghtogue. Alléché par le succès, il a prétendu dès lors que la totalité des terrains lui appartenait exclusivement, et à ce titre il ne cesse de tourmenter les habitants arméniens dudit village.

Ferhad Oglou Cahraman Agha se fit délivrer pour tous les terrains du village Fékiyé illégalement des titres *Tapou*.

De même, des titres *Tapou* non moins contestables pour les terrains du village Guialbirigue se trouvent en la possession du nommé Moustafa Codja Oglou.

Le nommé Cahraman Oglou Cahraman et son petit-fils Diab ont trouvé moyen de s'emparer subrepticement de plus de la moitié des terrains appartenant au village Ekue.

Bitlis, district de Mouch.

Chéih Ahmed effendi, Mufti de Bitlis, à Bor et à Gamakh,

Mehmed Bey, de Kessan et Chéih Djélaleddin, de Khizan, à Kémandjar, à Guiavag, à Hor, à Nesdos et à Gharb,

Haled Bey et ses frères, à Sembourg, ont usurpé les terrains appartenant à ces divers villages.

Mehmed Bey avec ses parents, ainsi que Cheik Djelaleddin, s'étant emparés de force du village arménien Souro, en ont effrontément chassé les habitants.

Vilayet de Diarbékir.

La nommée Muntaha Hanem, fille de Cheihzadé Mehmed Bey, notable musulman décédé à Sati (village à deux heures de distance seulement de Diarbékir), a élevé des prétentions injustifiables à la possession, comme héritage paternel, des terrains et d'un cours d'eau appartenant à ce même village. Les autorités locales ont accueilli ses prétentions en lui délivrant des titres *Tapou*.

Bourg de Sbaguerd, sous-gouvernorat de Khizan, relevant du Mutessariflik de Segherte.

es nommés Mollah Ali, Mollah Béro et Calho, à Bouroush,

es Beys Abdi, Abdulrahman, Osman et Omer, à Djanzvan,

Abdi et Mirza Beys et Hassan Agha, à Socar et à haut Godense,

Zohrab et Omer Aghas, à bas Godense,

Omer Agha, à Nerpan,

Abdi Bey, à Baghouner, à Iroun et à Bazence,

Les fils d'Alo et consorts, à Caplas, sont devenus les maîtres absolus de tous les terrains appartenant à ces villages.

Ibrahim Agha s'est arbitrairement constitué propriétaire des dépendances du couvent arménien de la Sainte-Vierge.

Les biens-fonds appartenant aux villages arméniens Livar, Dagh, Kéghis, Dossou, Talas, Erkim, Dansis, Mad; Madadashde, Zimen, Sorons, Erendjig, Khilens, haute Haron, basse Haron, Khéville, Istaboghanse, Badéranause, et Darghos, et les terrains du couvent de Saint-Georges, à Garavac, ont été usurpés par le nommé Abdi Bey et ses parents.

Gargar Alékis, province de Diarbékir.

Saïd Bey et ses fils, Omer Agha d'Alican, et ses parents, à Oris, Khinzorod, Halis et Zicar,

Le nommé Mourad, de Khordour, les fils de Mélik Agha avec des parents, à Houranse, occupent illégalement les terrains ruraux dépendant de ces villages.

Nemran, province de Diarbékir.

Les terrains du village Conis ont été usurpés par les fils du nommé Nedjib Agha, et ceux du village Guiavrense, par Cavas Agha.

Les notables de Dondère et de Nemran, à Mob, Osman et Zohrab Aghas avec les fils de Chérif Agha, à Chêne-Aghpur,

Cassim Agha et les notables de Nemran, à Nidja,

Les nommés Zohrab, Mahmoud et Chahbaz, notables d'Alican, à Havsdance,

Les nommés Chahbaz et Nedjib, à Off,

Murad, Mirza et les fils de Nedjib, à Kitans,

Mollah Mehmed de Guiroucan et quelques notables d'Alican, à Cheikh,

Les notables d'Alican et d'Adian, à Barganse,

D'autres notables d'Alican, à Kirnar, à Kakhvaz, à Héramus,

Mirza Agha de Némian et les notables de Dondère, à Hérad,

Zohrab Agha et les notables de Berva, à Dirlek, disposent à leur gré de tous les terrains appartenant à ces différents villages.

Osman Agha et quelques notables de Doudère se sont rendus maîtres du couvent arménien de la Sainte-Croix et des terrains appartenant au village d'Abarank.

Des notables d'Alican se sont emparés du couvent, à Dirlec, et des terrains possédés par les habitants du même village.

Khisan, province de Diarbékir.

Mollah Mehmed, Salih Bey, Chahin Agha, de Chakvan, Mollah Béro et ses coassociés, à Karkhos,

Les fils de Mollah Abdulrahman, natifs de Bilcanse, et les nommés Nedjim, Khalil, Rustem et Djafar, notables kurdes, à Khaki,

Des Kurdes de Sbaguerde, à Mandonentz,

Le nommé Kalo, natif de Pernachène, les fils Toloy, et les nommés Hassan, Moussa, Mollah, Ali, Nedjim et les enfants de Mollah Abdulrahman, de Belgan, à Cassir et à Bessantz,

Mollah Ali, Mollah Béro et les fils Caloy, le nommé Endélizan, et les enfants d'Ali, natifs du village Cayros relevant de Sbagherde, les fils Taroy natifs de Klé et Takhi Omer de Gakvan, à Broshentz,

Le nommé Nedjib Agha et les fils de Mollah Abdulrahman, originaires de Bilkian, le nommé Moussa, du village Pernachène, ainsi que quelques notables kurdes de Ksché, à Karz,

Le nommé Djafer avec Mollah Osman, de Malkel, à Di,

Mollah-Mehmed et ses coassociés, à Aghonce et à Norchène,

Khalil-Agha et les fils Taroy, à Aghor,

Le nommé Mimé, de Malkel, Mahmoudoc, de Capros, Mahmoudoc, de Chiraz, Mollah, de Bizan, Tchoma, de Guivéran, à Ly et à Hourdjouk,

Tous ces tyrans de la plus basse extraction règnent en maîtres absolus dans ces diverses localités qui leur servent comme autant de bénéfices.

Les derniers ont encore délogé et chassé les habitants du village Chiraz.

Les Kurdes originaires des villages Kyl, Cambra et Kyvrance, à Nam, à Kharos et à Bakhor,

Les Kurdes résidant dans le voisinage des villages, haut Bakor et Cadinog, dans ces mêmes localités exercent une autorité sans contrôle et disposent de tous les terrains ruraux.

Les nommés Djihanguir, Chohin, Omer et consorts, ont fait évacuer de force le village de Gaguévan et s'en sont emparés, ainsi que de ses terres arables.

Les Kurdes d'Alican, à Passed,

Abdi Bey, de Sbaguerd et quelques notables kurdes d'Alican, à Sori, à Sorvapertag, et au Couvent arménien de la Sainte-Vierge,

Les nommés Abdullah Farèz et Khezer Aghas, ainsi que les fils de Mehmed Alidjan, natifs de Coulpig, à Chêne,

Les nommés Moueddin, Mollah Békir et Séid, de Coulpig, à Kharitte,

Le nommé Osman, de Malkel, Tiro Osman et ses coassociés, à haut Cars, à bas Cars, à Bronse et à Kabine, tous y commandent en maîtres et les habitants de ces villages sont plutôt leurs esclaves que les sujets du Sultan.

Les Arméniens du village Isdine ont été chassés de leurs terres par les Kurdes de Pernachêne,

Cheikh Djélaleddin, natif de Khizan, s'est, de son autorité privée, rendu maître des villages arméniens Pertam et Khatchgantz et en a chassé les habitants.

De même, les Kurdes de Malkel se sont établis de force dans le village Camlanse et en ont expulsé les habitants ; ces derniers ne savent où trouver refuge.

District de Héroun.

Les nommés Zareh, Moussa, Feddah et Osman Beys et leurs parents, originaires de Héroun, se sont emparés des villages Sizégrégue, Tchom, Bom, Havav, Ghansig, Havine, Sayros, Haledja et Mezraa avec toutes leurs dépendances.

District de Ségherte.

Djémil-Pacha, ancien Mutessarif de Ségherte, a élevé dernièrement des prétentions à la possession de tous les terrains appartenant aux villages du district de Silvan. Il y a apparence qu'il gagnera le procès qu'il a intenté aux habitants! De même, les nommés Abdulfeddah, Youssouf et Saaddoullah Beys, ayant élevé des prétentions analogues à la possession des villages voisins des localités ci-dessus mentionnées, ont vu leurs efforts couronnés de succès, grâce à leur astuce et à la partialité des autorités locales.

District de Kharperte.

Les terrains du village Toma-Mezraa sont arbitrairement occupés par les nommés Hassan et Tahir Beys.

District de Palou

Les nommés Omer, Mehmed, Sadiq, Chérif et Séid Beys, à Habab, à Tchitag et à Fabril,

Nouh Bey, à Tchairi Mezraa,

Les Beys Tolti, à Yéni-Keuy, Mezraa,

Hadji, Tahir Bey, à Yéni-Keuy,

Hashim Bey, à Armoidjan,

Les notables des villages Mezraa et Kol-aghassi, Hadji, Mehmed, à Kélescler,

Hadji, Tahir Bey, à Isa-Bégue,

Mehmed et Kiafil Beys, à Combad,

Kader Agha et ses camarades, à Khadjar,

Tahir effendi, à Kadjar Mezraa,

Enfin, Hadji, Hussein Agha, à Ouzoun-Ora, sont maîtres absolus de tous les terrains dont ils se sont emparés par usurpation.

Les terres et les biens fonds du village Karendja Mezraa sont tombés sous la domination des nommés Djin Oglou, Hussein et Youssouf Beys.

A Tcharsandjack, les habitations, les jardins, les champs et les boutiques appartenant aux Arméniens ont donné lieu à des contestations sans fin entre les habitants et les Beys mahométans ; ces derniers tyrannisent le peuple et lui demandent des loyers pour ses propres propriétés.

La justice est saisie de cette question importante, et le procès, qui dure depuis quinze ans, n'est pas encore terminé.

Vilayet d'Angora. — District de Césarée.

Le nommé Hadji Feyzoullah a élevé des prétentions sans fondement à la possession des villages Karadjoura, Tchomaely, Indjessou et de trois autres, en tout six villages, et il exige des loyers des habitants.

Vilayet de Trébizonde. — Tcharchamba, district de Djanig.

Les enfants d'Osman-Pacha se sont arbitrairement approprié tous les terrains appartenant aux villages de Tcharchamba et demandent des loyers aux habitants ; mais ce qui est bien plus curieux, c'est que ces derniers sont encore mis en demeure de payer au fisc l'impôt foncier dit *Temettu*. Leurs adversaires, pour arriver à leur fin, ont recours à toutes sortes de manœuvres.

Vilayet de Sivas. — District de Khanghal.

On a établi des colons circassiens à Yarguissar, sur les champs mêmes cultivés par les Arméniens qui en sont les véritables propriétaires, ainsi que le prouvent les titres *Tapou* parfaitement en règle dont ils sont munis.

Sur la demande du Patriarcat, la Sublime Porte a nommé une Commission mixte qui s'est réunie au Divan Impérial pour s'occuper du règlement de cette question.

Cette Commission, qui avait déjà adressé un rapport préliminaire au Grand Vizir, a cessé, ces jours derniers, de tenir ses séances.

XXIV. Un *Takrir*, en date du 3 Sefer 1292 (19 mars 1875), a été présenté à la Sublime Porte pour que la vente de terrains appartenant au couvent arménien de Tchenkousch, considérés à tort comme *Vakouf*, n'ait pas lieu.

La Sublime Porte a répondu que ces terrains ont été convertis en *Vakouf* par suite de la mort de l'abbé Baghdassar, et que les autorités de l'endroit avaient reçu des ordres pour en permettre la vente régulière.

Le Patriarcat a répliqué en protestant contre cette décision et soutenant que les terrains en question n'étaient point la propriété personnelle du défunt abbé, mais qu'ils appartenaient à la communauté du susdit couvent. Le Patriarcat a réitéré plusieurs fois cette réclamation, mais sans obtenir de résultat, si ce n'est que la mise en vente de ces terrains a été contremandée.

XXV. Les exactions et les abus de toutes sortes commis depuis longtemps dans le vilayet de Diarbékir, par quelques *dérébeys* influents, ont obligé le Patriarcat à adresser à la Sublime Porte un *Takrir*, en date du 9 Rébul-akhir 1292 (3 mai 1875).

La Sublime Porte a envoyé sur les lieux Samih Bey, le chargeant de faire une enquête. Sur le rapport de ce commissaire, les Dérébeys incriminés ont été amenés et internés à Diarbékir. Mais après le départ de Samih Bey, ces Dérébeys, ayant recouvré leur liberté, sont retournés chez eux et ont recommencé de plus belle.

Un second *Takrir*, rédigé sous forme de requête et daté du 19 Djémazil-akhir 1293 (29 juin 1876), a été remis au Grand Visir par le Patriarche en personne. Cependant, Abdul-Feddah Bey, l'un des principaux et des plus redoutables de ces Dérébeys, se trouve encore chez lui, à Segherto.

XXVI. Lors de l'établissement du cadastre dans la ville d'Erzeroum, l'employé chargé de ce travail n'a pas consenti à enregistrer comme biens nationaux les propriétés appartenant aux églises, aux écoles et à d'autres institutions nationales arméniennes : cet employé a allégué que, n'ayant pas d'instructions spéciales pour faire droit à la demande de la communauté arménienne, il était obligé de remplir ponctuellement sa mission, qui consistait à enregistrer les immeubles sous le nom des propriétaires en vie; en cas de nonexistence de ceux-ci, il devait regarder ces immeubles comme *Vakouf*.

Le Patriarcat a adressé à ce sujet (un *Takrir*) à la Sublime Porte, en date du 15 Rébul-evvel 1293 (9 mai 1875); il a aussi télégraphié au gouverneur général d'Erzeroum, demandant que les immeubles appartenant aux églises, aux écoles et à d'autres institutions nationales arméniennes fussent portés sur les registres du cadastre comme biens nationaux, ainsi que cela s'est fait lors du relevé cadastral dans la capitale.

Le résultat n'en a pas encore été communiqué au Patriarcat.

XXVII. Les Musulmans du village relevant de la ville de Madène avaient mis empêchement à la construction d'une église arménienne dans ce village, alléguant que l'église serait à proximité d'une mosquée.

Il a été adressé à ce sujet un *Takrir* à la Sublime Porte le 13 Djémazil-evvel 1292 (5 juin 1875). La Sublime Porte a envoyé un ordre d'*Istilam* (enquête) qui n'a pas eu de suite.

Le *Takrir* a été renouvelé le 25 Chaban 1293 (1er septembre 1876).

XXVIII. Des plaintes avaient été portées par un *Takrir* à la Sublime Porte, contre Saïd-Pacha, *Mutessarif* de Marache. A la suite d'un ordre expédié par la Sublime Porte de faire une enquête, les fonctionnaires subalternes de l'endroit ont cherché à justifier le *Mutessarif* et ont dénoncé les Arméniens comme calomniateurs. Ces mêmes fonctionnaires ont rédigé un procès-verbal dans ce sens et l'ont présenté à signer au prêtre Ohannès.

Plainte a été portée à la Sublime Porte contre cette oppression, en date du 20 Rébul-evvel 1293 (3 avril 1876).

XXIX. Par suite d'une estimation arbitraire des immeubles, faite par les autorités d'Ak-Chéhir, l'impôt dit *Temettu* avait été porté à un chiffre exorbitant ce qui obligeait les Arméniens à payer des taxes très-lourdes.

Le Patriarcat a adressé à la Sublime Porte un *Takrir*, en date du 19 Rébul-evvel 1293 (2 avril 1876). La Sublime Porte n'a pas répondu.

XXX. Le 3 avril 1876 (20 Rébul-evvel 1293), plainte a été portée à la Sublime Porte pour les dommages causés par les Beys kurdes de Kars et de Madéni-Eguil, aux Arméniens de l'endroit.

Il n'a été reçu aucune réponse.

XXXI. Le nommé Tcharikdji Ali effendi voulait usurper une partie des terrains appartenant au couvent arménien de Saint-Sauveur, à Trébizonde. Le fait a été rapporté à la Sublime Porte par un *Takrir*, en date du 16 Rébul-akhir 1293 (23 avril 1876).

La réponse de la Sublime Porte n'est pas encore parvenue au Patriarcat.

XXXII. Le 24 mai 1876 (13 Djémazil-evvel 1293)

plainte a été portée à la Sublime Porte contre le commandant de la gendarmerie de la ville de Van, Dilaver Agha, et contre les parents de celui-ci qui font partie de l'autorité locale de cette ville.

Il n'a pas été obtenu de réponse.

XXXIII. Le sous-lieutenant Hassan s'est introduit dans le couvent des Arméniens d'Aghtamar et a assassiné l'un des prêtres du couvent, l'abbé Agop ; un autre abbé du même couvent, nommé Ohannès, a été assassiné par les Kurdes du village de Mendan. Le *Dérébey* Abdul-Feddah Bey, dont il a déjà été question (XXV), de retour de Diarbékir à Sagherte, a menacé les Arméniens de les passer tous au fil de l'épée et il a assassiné un Arménien de Ghazzan.

Ce triple assasinat et ces menaces ont provoqué un *Takrir* du Patriarcat, qui a été adressé à la Sublime Porte, le 18 Djémazil-evvel 1293 (29 mai 1876). La Sublime Porte a télégraphié à ce sujet aux gouverneurs généraux d'Erzeroum et de Diarbékir. Des plaintes réitérées ayant été adressées au Patriarcat contre ce même tyran redoutable, un récent *Takrir* a été remis à la Sublime Porte, le 5 Redjeb 1293 (14 juillet 1876).

La Sublime Porte a de nouveau envoyé des dépêches télégraphiques.

XXXIV. Les nommés Menzirian Haroutioun et Tchamtchigian Hazaros ont été assassinés à Marache par des Musulmans de cette ville. Davoud Agha, *Kaïma-*

kam de Zeitoun a étranglé un gendarme arménien, nommé Haroutioun,

Un takrir a été adressé à la Sublime Porte le 6 Redjeb 1293 (13 juillet 1876). La Sublime Porte a télégraphié au gouverneur général d'Alep et un ordre véziriel a suivi ce télégramme.

Le Patriarcat a adressé à la Sublime Porte, le 17 Chaban 1293 (24 août 1876), un second *Takrir* sur cette affaire. Dans cette pièce, le Patriarcat a constaté que Davoud Agha, reconnu coupable d'assassinat, a été condamné à mort et devait subir sa peine à Zeitoun même; mais qu'on cherchait à le faire juger de nouveau à Marache, dans le but de le faire acquitter, se basant sur ce que les témoins qui ont déposé contre l'assassin n'étant pas Musulmans, leur témoignage n'était d'aucune valeur.

Sur la demande du Patriarcat, l'affaire a été déférée à la Suprême Cour de justice, siégeant à Constantinople.

XXXV. Naïb effendi, juge musulman au Tribunal civil, à Ourfa, n'admet pas le témoignage des Chrétiens devant la justice.

Plainte a été portée à la Sublime Porte, en date du 22 Redjeb 1293 (31 juillet 1876).

XXXVI. Le *Takrir* suivant, concernant l'impôt pour l'exonération du service militaire, a été adressé à la Sublime Porte, au nom du Conseil mixte de la nation arménienne.

« ALTESSE,

« Par un *Takrir*, nous avons déjà exposé que la mise en exécution de la récente décision relative à la répartition et à la perception de l'impôt pour l'exonération du service militaire était très-difficile et peut-être même impossible. Votre Altesse, par une lettre officielle, en date du 12 Djémazil-evvel 1293, n° 9, nous informe que, notre *Takrir* ayant été pris en considération par le Conseil des Ministres, il a été décidé que la répartition de l'impôt d'exonération du service militaire exigé des Arméniens soit conforme au système appliqué aux Musulmans ; en d'autres termes, qu'il soit prélevé 5.000 piastres pour un homme, sur chaque groupe de 180 individus du sexe masculin, et que, déduisant de ce nombre 180 les hommes âgés de 75 ans et au-dessus, ceux n'ayant pas atteint l'âge de 15 ans, les membres du clergé, les gens qui se vouent à l'enseignement, les infirmes et les indigents, la nation arménienne divise ces individus en plusieurs classes et répartisse sur eux la totalité de l'impôt exigé.

« De cette décision il résulte qu'il faudra prendre pour base le nombre total d'individus mâles de la nation arménienne, et, après en avoir déduit ceux qui ont à faire valoir les cas d'exemption précités, répartir sur le reste la totalité de l'impôt exigé.

« Depuis la création de cet impôt, l'expérience faite par le Gouvernement Impérial et par la nation arménienne ont démontré clairement, et les rapports venus de nos autorités spirituelles des provinces à notre Patriarcat confirment que la mise en exécution de cette décision est impossible. Et c'est pour cette raison que nous avons sollicité, par un précédent *Takrir*, la prise en considération des observations que nous y avions consignées.

« Il est de notre devoir d'indiquer les moyens propres à empêcher la diminution des revenus du Trésor Impérial, tout en veillant à ce que les membres de notre nation ne soient écrasés sous un fardeau de lourds impôts.

« Nous demandons, en vertu du principe d'égalité, pour nos nationaux, les mêmes priviléges dont jouissent les Musulmans, conformément à la loi du recrutement à laquelle ces derniers sont soumis. En d'autres termes, nous demandons que les cas d'exemption dont profitent les Musulmans soient aussi appliqués à la nation arménienne; de façon que les hommes âgés de plus de 75 ans, ceux n'ayant pas encore atteint l'âge de 15 ans, ainsi que ceux ayant à faire valoir des cas d'exemption prévus par la loi, soient déduits du nombre total d'individus mâles, et que l'impôt soit exigé du nombre restant, à raison d'un homme sur 180.

Si ce système de perception présente des difficultés dans l'exécution, nous proposons que la réduction du quart de la totalité de l'impôt exigé (réduction dont les bons effets ont été appréciés comme facilité dans la perception, et qui a été abolie en 1290), soit de nouveau mise en vigueur. Ces moyens assurent le rendement des revenus du Trésor, et tout en préservant les populations des abus, deviennent une cause de bien-être et de prospérité. Mais lorsque les enfants au berceau, les gens arrivés à la limite de la vieillesse, ceux qui se vouent à l'enseignement, les membres des clergés, les infirmes et les indigents, qui, de tout temps, ont été exempts de toute charge envers l'État, sont compris dans le nombre et sont soumis à l'impôt au même titre que les autres individus mâles, la perception devient impossible, et la surveillance morale de notre Patriarcat et de nos délégués provinciaux demeure sans résultat, et enfin le Gouvernement Impérial n'est point délivré de réclamations continuelles.

« Le Comité des affaires civiles et le Comité des affaires religieuses de la nation arménienne ayant scrupuleusement examiné tous ces points, nous venons vous prier de les prendre de nouveau en sérieuse considération.

« 14 août 1876 (11 Chaban 1293).

« (Signé) : NERSÈS, *Patriarche.* »

Sceau du Comité des affaires civiles de la nation arménienne. Sceau du Comité des affaires religieuses de la nation arménienne.

XXXVII. La population arménienne du village de Sarmoussacly (vilayet de Sivas) est continuellement persécutée par les Musulmans de l'endroit. Ceux-ci ont dernièrement enlevé une femme arménienne qu'ils ont trainée dans les montagnes, et après avoir assouvi sur elle leur passion bestiale, ils l'ont assassinée et ont jeté son cadavre dans la rivière.

Plainte a été portée à la Sublime Porte le 11 Chaban 1293 (18 août 1876). La Sublime Porte a envoyé des ordres à ce sujet.

XXXVIII. *Takrir* en date du 1er septembre 1876 (25 Chaban 1273), a été adressé à la Sublime Porte contre la conduite fanatique de Moustapha Bey, *Mutessarif* de Malatia, et contre les Musulmans de cette ville, lesquels ont promené dans les rues un chien ayant une croix attachée au cou.

Constantinople le 17-29 septembre 1876.

La Sublime Porte n'a pas répondu.

FIN

www.ingramcontent.com/pod-product-compliance
Lightning Source LLC
LaVergne TN
LVHW051510090426
835512LV00010B/2444